행하는 그리스도인 시리즈 5: 경제윤리

나눔의 경제

집필: 이혁배

공동 참여: 김희경, 박찬주

예영커뮤니케이션

모든 인간은 하나님의 형상을 닮은 존엄한 존재입니다. 전 세계의 모든 사람들은 인종, 민족, 피부색, 문화, 언어에 관계없이 존귀합니다. 예영커뮤니케이션은 이러한 정신에 근거해 모든 인간이 존귀한 삶을 사는 데 필요한 지식과 문화를 예수 그리스도의 사랑으로 보급함으로써 우리가 속한 사회에 기여하고자 합니다.

행하는 그리스도인 시리즈 5 - 경제윤리

나눔의 경제

엮은이 · 기윤실 신학위원회
초판 1쇄 찍은날 · 2005년 1월 3일
초판 1쇄 펴낸날 · 2005년 1월 10일
펴낸이 · 김승태
출판본부장 · 김춘태
편집/표지디자인 · 김규혜, 김혜진
등록번호 · 제2-1349호(1992. 3. 31)
펴낸곳 · 예영커뮤니케이션

110-616 서울 광화문 우체국 사서함 1661
출판유통사업부 T. (02)766-7912 F. (02)766-8934 E-mail: jeyoungsales@chol.com
출판사업부   T. (02)766-8931 F. (02)766-8934 E-mail: jeyoungedit@chol.com
홈페이지   www.jeyoung.com

ISBN 89-8350-340-8   03230

값 2,500원

차 례

성경공부를 시작하기 전

그리스도교 윤리의 핵심은 '이웃사랑' (마 22:39)입니다. 이 윤리적 핵심을 경제영역에 적용해 보면 그것은 '소유물의 나눔' 으로 번역될 수 있습니다. 이런 의미에서 성경공부 교재의 전체 주제를 '나눔의 경제' 로 잡아 보았습니다.

이 성경공부 교재는 5년 전 기윤실 신학위원회에서 편집한 「행하는 그리스도인 시리즈」의 구성 방식을 그대로 수용하여 그 내용을 5단계로 나누었습니다.

제1단계 "현실 바라보기"는 다루게 될 주제에 관한 성경공부 참여자들의 문제의식을 분명하게 해 줄 것입니다. 제2단계 "현실에서 성경으로"는 주제와 관련된 경제 문제들을 성경적인 관점에서 바라볼 수 있는 능력을 길러 줄 것입니다. 제3단계 "성경에서 실천으로"는 주제에 관한 성경의 정신이나 원리를 실제의 경제생활에 적용하여 구체적인 실천 방안을 제시해 줄 것입니다. 제4단계 "정리와 메시지"는 앞 단계들에서 논의한 내용을 체계적으로 요약해 줄 것입니다. 제5단계 "더 깊은 연구를 위하여"는 다루어진 주제와 관련된 참고 문헌들을 소개하면서 배운 내용을 더욱 심화할 수 있는 길을 안내해 줄 것입니다.

본 성경공부 교재가 다루고 있는 주제들은 기윤실의 김희경 간사님과 IVF의 박찬주 간사님 그리고 필자 사이의 토론을 통해 선정된 것입니다. 교재의 초고도 이 세 명이 나누어서 집필한 것입니다. 바쁜 사역활동 중에도 시간을 내어 부족한 필자를 도와주신 두 분 간사님께 고마운 마음을 전합니다.

이렇게 세 사람이 공동으로 초고를 작성하였지만 최종 집필 과정에서 필자가 초고의 내용 중에 적지 않은 부분을 자의적으로 수정·보충하였습니다. 이에 교재 내용 전체에 대한 책임은 전적으로 필자에게 있다는 사실을 밝혀 둡니다.

부디 이 성경공부 교재를 통해 경제 분야도 다른 분야들과 마찬가지로 하나님께서 주관하시는 신앙의 영역이라는 사실을 깨닫고 나눔의 윤리를 실천하는 그리스도인들이 많이 나오길 기대합니다.

2004년 8월 31일
이혁배

제1과

예수님,
돈을 설명하시다

I. 현실 바라보기

돈! 돈! 돈! 세상이 온통 돈 이야기뿐이다. 이 말에 동감하지 않는 독
자는 참으로 행복한 사람이다. 그러나 한 통계에 따르면 성인의 경우
하루의 약 60~70퍼센트를 돈과 관련된 생각으로 보낸다고 한다. 통계
의 신뢰성은 그만두고라도 내가 오늘 하루를 어떻게 보냈는지 되돌아
본다면 이 말에 수긍하지 않을 수 없을 것이다. 비자금, 경제전쟁, 무역
전쟁, 세계화, 아파트 분양, 부동산 투기, 주식 투자, 이자율 하락, 자금
압박, 도산, 고액 과외, 물가 상승… 우리가 쉽게 접하고 또 쉽게 말하
는 이러한 단어들에는 아무리 그럴듯한 미사여구로 포장한다 하더라
도 결국 돈이 얽혀 있다. (중략)

결국 이유야 어쨌든 부자이건 가난한 자이건, 현대인은 모두 돈 생
각에서 벗어나지 못하는 중병에 걸려 있다. 부자이기 때문에 고민하

고, 가난하기 때문에 고통을 당한다. 이렇듯 우리의 시간과 사고와 행동을 송두리째 지배하고 있는 것을 보면, 돈은 과연 현대인의 신(神)이라 할 만하다.   (황호찬, 『돈, 그 끝없는 유혹』, 33-34쪽)

1. 여러분은 하루 중 몇 퍼센트를 금전 문제와 관련된 생각을 하면서 보냅니까? 돈이 절실했던 때는 언제였습니까?

....

....

....

2. 돈의 기능은 무엇이라고 생각합니까?

....

....

....

II. 현실에서 성경으로

1. 성경적 관점에서 재물은 선한 것입니까, 악한 것입니까? 재물이 선한 것일 수 있다면 그 이유는 무엇입니까? (창 15:13-14, 신 28:1-6)

....

....

....

2. 성경에서 재물은 항상 선한 것입니까? 재물에 부정적인 면은 없다고 생각합니까? (마 6:24)

....

....

....

3. 성경에서 재물은 선할 수도 있고 악할 수도 있습니다. 이런 의미에서 프랭클린은 "돈은 좋은 하인이기도 하지만 나쁜 주인이기도 하다."고 말했습니다. 그렇다면 재물을 선한 것으로 혹은 악한 것으로 만드는 계기는 무엇인지에 관해 이야기해 봅시다.

....

....

....

4. 인간 세계에 존재하는 모든 재물의 진정한 소유주는 누구입니까? (출 19:5, 대상 29:11, 욥 41: 11, 시 24:1)

....

....

....

5. 재물을 바르게 사용하기 위해 그리스도인들이 지니고 있어야 할 의식에 관해 논의해 봅시다. (창 1:28)

....

....

....

6. 재물이 가지고 있는 부정적인 면을 극복하기 위해 청지기 의식 이외에 필요한 자세는 무엇이라고 생각합니까? (마 19:21, 눅 19:9, 딤전 6:18)

....

....

7. 청지기 의식과 자선 이외에 그리스도인을 맘몬의 지배에서 벗어날 수 있게 하는 또 다른 방도가 존재하는지에 관해 이야기해 봅시다. (눅 21:1-4)

....

....

8. 그리스도인은 자기 소유의 일부를 하나님께 봉헌함으로써 재물의 신 인 맘몬을 폐위시킬 수 있습니다. 그런데 그리스도인의 이런 헌금이 이 웃을 향한 실제적인 나눔으로 연결되기 위해서 교회는 어떤 일을 해야 하겠습니까?

....

....

9. 개인적 자선과 헌금이 지향하는 경제적 목표는 무엇이라고 생각하십니까? (고후 8:13-15)

....

....

....

10. 성경에 나오는 재물 문제에 관한 모범적인 기도에는 어떤 것이 있는지 알아봅시다. (잠 30:8)

....

....

....

III. 성경에서 실천으로

그리스도께서 교회 안에서 그리스도 몸의 지체들 간에 세우신 새로운 영적 교제는 그들로 하여금 자기의 재화를 서로 나누게끔 만든다. 이 재분배는 나눌 수 있는 가능성과 각 사람의 필요에 따라서 이루어진다. 칼빈이 말하는 것처럼 "하나님께서는 우리 가운데 균형과 공평이 있기를 바라시는데, 곧 각 사람이 자신의 자산 정도에 따라 궁핍한 자와 나눔으로써 아무도 너무 많이 갖지 않고 아무도 적게 갖지 않기를 원하신다."

그리스도의 교회가 형성한 새로운 사회에서는 사유재산이 폐지되

지 않는다. 이 재산을 내놓아 모든 사람이 쓰게끔 한다. 교회공동체의
지체들이 살아 계신 그리스도와 만나게 되고, 자신들의 삶을 영원하
신 그리스도와 더불어 살게 되면, 거기에는 그 공동체의 모든 지체 사
이에 하나의 새로운 매개수단이 형성되는 상호관계 같은 것이 결과적
으로 생겨난다. 그리하여 빈부 간에 서로 아귀다툼하는 차별이 사라
진다. 재화의 끊임없는 재분배가 그리스도와의 교제의 직접적 결과로
나타난다.

(앙드레 비엘레, 『칼빈의 사회적 휴머니즘 - 칼빈의 경제신학』, 63쪽)

1. 스위스의 칼빈주의 신학자인 앙드레 비엘레가 쓴 위의 글을 읽고 여러
   분은 어떤 느낌이 들었습니까?

....

....

....

....

2. 재물의 나눔을 현실생활에서 구체화할 수 방안들에 관해 이야기해 봅
   시다.

....

....

....

....

Ⅳ. 정리와 메시지

경제학에서 말하는 돈의 기능에는 다음의 네 가지가 있습니다. 첫째는 물물교환에 따르는 불편함을 해소해 주는 교환의 기능입니다. 둘째는 정확한 교환이 이루어지기 위해 물건이 지니고 있는 가치를 측정해 주는 가치척도의 기능입니다. 셋째는 물건을 사거나 팔 때까지 일시적으로 가치를 보관해 주는 가치저장의 기능입니다. 넷째는 이익이 창출되는 곳으로 끊임없이 흐르면서 경제를 활성화시켜 주는 재창조의 기능입니다. 돈이 지니고 있는 이러한 기능들은 인간의 경제적 삶을 편리하게 만들어 주기 때문에 긍정적으로 평가될 수 있습니다.

성경은 이런 돈으로 표현되는 재물에 대해 어떤 견해를 지니고 있습니까? 성경에서 재물은 긍정적인 면과 부정적인 면을 동시에 지니고 있습니다. 다시 말해서 성경에서 재물은 하나님이 축복하신 결과물일 수 있는 동시에 하나님과 대립된 재물신, 곧 맘몬(Mammon)일 수도 있습니다. 그런데 재물의 선함과 악함을 가르는 결정적인 계기는 재물에 대한 인간의 태도입니다. 재물은 소유자가 그것을 어떻게 대하고 사용하느냐에 따라 선악이 갈리게 되는 것입니다.

재물이 맘몬이 되지 않고 하나님의 축복이 되기 위해서는 우선적으로 그 소유자가 청지기 의식을 가져야 합니다. 성경에 따르면 세상에 존재하는 모든 재물의 진정한 소유주는 하나님 한 분이십니다. 인간은 단지 그분의 재물을 맡아 관리하는 청지기에 불과할 뿐입니다. 따라서 그리스도인은 자신이 관리하고 있는 재물에 대해 하나님의 주권이 관철되도록 해야 합니다.

둘째로 재물이 신적인 존재로 승격되지 않게 하기 위해서 그리스도인은 자신의 재물을 이웃과 나누어야 합니다. 그리스도인의 재물은 가난한 이들에게로 끊임없이 흘러 들어가야 합니다. 이런 의미에서 예수님은 큰 재물을 가진 부자청년에게 소유를 팔아 가난한 이웃들에게 나누어 줄 것을 권고하신 것입니다(눅 18:22).

셋째로 그리스도인은 헌금의 행위를 통해서 맘몬을 축출할 수 있습니다. 그리스도인에게 헌금은 근본적인 영적 행동이며 최고의 형태로 드리는 예배행위입니다. 헌금행위를 통해 그리스도인은 하나님이 자신의 모든 삶을 주관하시는 주인이심을 고백하게 됩니다. 이러한 면에서 헌금은 맘몬과 대립합니다. 맘몬은 봉헌에 의해 쫓겨나고 그 악함이 만천하에 드러나게 됩니다. 따라서 헌금행위는 재물을 소유한 그리스도인에게 맘몬을 폐위시킬 수 있는 기회를 제공하는 것입니다.

그리스도인들의 헌금이 교회에 의해 다시 가난한 이웃과의 나눔으로, 더 나아가 가난한 교회와의 나눔으로 이어지는 것은 중요합니다. 현재 우리 사회에는 개인 사이에 빈부의 차이가 점점 심해지고 있습니다. 한 쪽에서는 수천만 원짜리 외제차를 아무런 부담 없이 타고 다니지만 다른 한 쪽에서는 삼사백만 원 정도하는 옥탑방의 보증금을 버거워하고 있습니다.

개인 사이에서뿐만 아니라 교회들 간에도 상당한 정도의 빈부격차가 존재합니다. 대형 교회들은 점점 더 부유해지지만 상가건물에 세 들어 있는 작은 교회들은 점점 더 빈곤해지고 있습니다. 이런 상황에서 우리 교회들은 성도들의 헌금을 이웃 사람들 및 이웃 교회들과 더욱 적극적으로 나누어야 합니다. 왜냐 하면 신약학자 리처드 헤이스가 적절하게 지적했듯이 나눔의 실천은 자신을 비우는 그리스도의 모범에 순종하는 최소한의 표현이 되기 때문입니다.

개개의 그리스도인들과 그들의 교회공동체에서 적극적인 나눔의 행위가 실현될 때 우리 교회와 사회는 사도 바울이 지향하는 재물의 평균상태에 더욱 근접할 수 있을 것입니다. 상대적으로 부유한 그리스도인과 교회가 자신의 넉넉한 재물로 가난한 사람과 교회를 보충해 줌으로써 우리 교회와 사회는 경제적인 균형상태로 나아갈 수 있게 될 것입니다. 나눔의 실천을 통해 경제적으로 평균화하려는 것(고후 8:13), 이것이 그리스도교의 재물관이 지향하는 최종목적인 것입니다.

V. 더 깊은 연구를 위하여

기독교윤리실천운동 신학위원회. 『그리스도인의 생활경제』. 서울: 예영
　　커뮤니케이션, 1999.
황호찬. 『돈, 그 끝없는 유혹』. 서울: IVP, 1996.
Bieler, A. 『칼빈의 사회적 휴머니즘 - 칼빈의 경제신학』. 박성원 역. 서울:
　　대한기독교서회, 2003.
Hays, R. B. 『신약의 윤리적 비전』. 유승원 역. 서울: IVP, 2002.

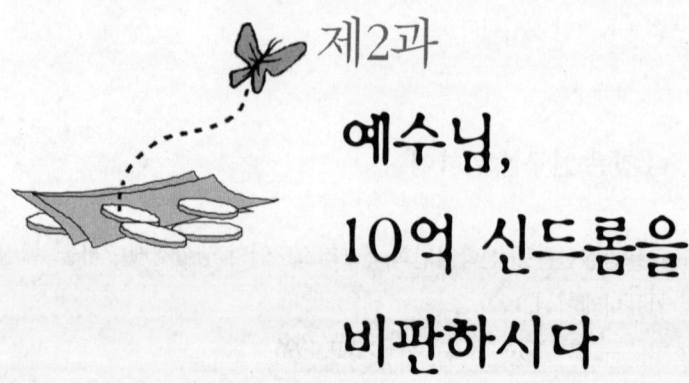

제2과
예수님,
10억 신드롬을
비판하시다

Ⅰ. 현실 바라보기

'10억 바람'이 불고 있다! 막연하게 부자를 열망하던 우리 사회에 '10억'이라는 구체적인 액수가 제시되면서 30종이 넘는 관련 서적에서 수천 개가 넘는 인터넷 동호회 모임까지 사회 전반에 10억 코드가 새로운 현상으로 자리 잡고 있다. 30대에 10억을 번 노하우를 책으로 출간한 주인공의 "부자 되는 법" 강연회에는 앉을 자리가 없을 정도로 사람들이 몰려들고 서점에서는 '10억' 관련 서적이 불티나게 팔려나가고 있다.

이렇게 부자열풍이 불고 있는 가운데 한 업체에서는 "부자학"이라는 주제로 강연회를 열고 있는데, 매일매일 바뀌는 경제시장에 발맞춰 강의내용도 수시로 바꾸다 보니 각 분야별로 선생님 모시기에 발품 팔기 바쁘다고 한다. 또 은행에서는 10억이 넘는 손님들을 대상으로 'VIP 마케팅'이 한창이고, 어디 어른들만 부자 되랴, '부자과외'를 받는 어

1. 요즘 우리 사회의 젊은이들 사이에 번지고 있는 '10억 만들기' 열풍에 관해 여러분이 알고 있는 것은 무엇입니까?

....

....

....

2. 그리스도인으로서 10년 노력해서 10억 원을 모아 보자는 '10억 만들기' 에 대해 어떤 평가를 내리고 있는지 서로 이야기해 봅시다.

....

....

....

☀ II. 현실에서 성경으로

1. 제1과에서 우리는 재물이 영적인 위험성을 가지고 있다고 배웠습니다. 그렇다면 그리스도인은 가난을 신앙적 목표로 추구해야 한다고 생각합니까? (딤전 6:17)

....

....

....

2. 그리스도인의 신앙과 생활의 모범이 되시는 예수님은 금욕주의적 생활에 대해 어떤 입장을 취하셨습니까? (막 2:18-22, 마 11:19)

....

....

....

....

3. 성경적 관점에서 보면 가난은 축복이 아니라 극복해야 할 대상이라고 할 수 있습니다. 그리스도인들이 가난한 상태에서 벗어나기 위한 방도들에 관해 이야기해 봅시다. (살전 4:11-12, 살후 3:10)

....

....

....

4. 제1과에서 확인했듯이 그리스도인이 재물을 많이 가지고 있다는 것 자체가 악한 것은 아닙니다. 그렇다면 그리스도인이 부자가 되려고 애쓰는 것도 신앙적으로 잘못된 자세가 아니라고 생각합니까? (딤전 6:9-10)

....

....

....

5. '10억 만들기'의 제안자들이 내세우는 주장들을 대체로 다음과 같이

정리할 수 있습니다.

(1) 10억 원은 행복을 위한 충분조건이라는 사실을 명심해야 한다.

(2) 누구나 노력하면 10억 원을 모을 수 있다는 생각을 가져야 한다.

(3) 머릿속이 '어떻게 하면 10억 원을 모을 수 있을까' 하는 생각으로 가득 차 있어야 한다.

(4) 받을 돈은 최대한 빨리 받고 줄 돈은 최대한 늦게 주어야 한다.

(5) 매사에 긍정적인 생각을 가져야 한다.

(6) 근검절약하는 생활을 해야 한다.

(7) 자신의 분야에서 일가를 이루어야 한다.

(8) 처음에는 저축해서 목돈을 만들고 그 목돈을 투자해서 더 큰 목돈을 만들어야 한다.

(9) 무조건 내 집부터 마련해야 한다.

(10) 주식투자는 반드시 여유자금으로만 해야 한다.

(11) 재테크에 성공하기 위해서는 경제신문을 읽어야 한다.

(12) 인맥을 잘 관리해야 한다.

(13) 남들이 투자를 꺼릴 때 과감하게 투자해야 한다.

(14) 45세까지 10억 원을 만들겠다고 선언해야 한다.

(15) 근면하고 성실해야 한다.

(16) 일확천금을 꿈꾸지 않아야 한다.

(17) 빚보증을 서지 않아야 한다.

(18) 꼭 필요한 것만을 사야 한다.

(19) 종자돈을 모을 때는 철저한 자린고비 생활을 해야 한다.

(20) 절제된 마음으로 신용카드를 사용해야 한다.

(21) 예기치 않은 위험에 대비하기 위해 보장성 보험에 가입해야 한다.

(22) 노후준비를 위해 연금에 가입해야 한다.

(23) 연말정산 제도를 잘 활용해야 한다.

(24) 건강을 지키기 위해 노력해야 한다.

(25) 유산을 냉혹하게 분배해야 한다.

(26) 아름다운 사회를 만들기 위해 기부를 해야 한다.

그리스도인으로서 이들 가운데 수용할 수 있는 항목들과 수용할 수 없는 항목들은 각각 어떤 것입니까? 그 이유는 무엇이라고 생각합니까?

....

....

....

....

....

....

6. 우리 그리스도인들에게는 하나님의 나라와 하나님의 의를 구하는 것이 자신과 가족이 경제적으로 안정된 생활을 영위하는 것보다 더 우선하고 중요한 일임이 분명합니다. 우리가 무엇보다도 먼저 하나님의 나라와 의를 구할 때 하나님께서 우리에게 보장해 주시는 것은 무엇입니까? (마 6:31-34)

....

....

....

7. 경제적 안정을 비롯해서 그리스도인의 모든 생활을 지켜 줄 수 있는 진

정한 후원자는 누구라고 생각합니까? (시 121:1-8)

....

....

....

8. 그리스도인에게 행복을 위한 가장 중요한 조건이 무엇인지에 관해 이
   야기해 봅시다. (신 10:13)

....

....

....

9. 그리스도인으로서 재산을 쌓아두는 것이 재산을 나누는 것보다 더 중
   요하다고 생각합니까? 예수님은 자기를 위해 재물을 쌓아두는 사람에
   대해 어떤 평가를 내리고 계십니까? (눅 12:16-21)

....

....

....

....

10. 그리스도인으로서 목돈을 만들기 위해 남에게 인색한 것이 윤리적으
    로 정당화될 수 있는지에 관해 논의해 봅시다. (눅 6:30-31)

....

....

11. 이웃을 향해 후하게 베푸는 그리스도인들에게 예수님이 약속하신 축복의 내용에 관해 이야기해 봅시다. (눅 6:38)

III. 성경에서 실천으로

'텐인텐' (10 in 10: 10년 안에 10억 원 만들기), 월급 150만 원으로 10억 원 만들기 등 부자 신드롬이 일고 있다. 그러나 잘못된 부자열풍에 휩싸일 경우 헤어나기 힘든 늪에 빠질 수 있다. 재테크 전문가들이 경고하는 '텐인텐' 이면의 그늘을 살펴본다.

투자의 기본은 종자돈 만들기이다. 이 단계에서는 복권당첨, 유산 상속 등 특수한 경우를 제외하면 저축으로 돈을 모을 수밖에 없다. 일반 샐러리맨의 경우 5천만~1억 원 선의 종자돈을 모으는 데 약 4~7년이 걸린다. 결국 '텐인텐' 성공을 위해서는 남은 3년간 그 동안 모은 돈의 9배를 벌어야 한다는 이야기이다. 투자자들의 눈이 주식과 부동산으로 쏠리는 것은 당연하다.

그러나 주식과 부동산에 투자해 성공할 확률은 각각 5%, 15%라는 게 전문가들의 중론이다. 조흥은행의 한 재테크 팀장은 "누구나 5%, 15%에 속할 수 있다고 믿는 게 문제"라며 "꾸준히 저축하고 근검절약하는 게 재테크의 왕도"라고 말했다.

'텐인텐' 트렌드는 자칫 개인을 망가뜨릴 수 있다. '텐인텐족'인 M 씨(34, 은행원)는 미국 증시가 한국 증시에 선행한다고 믿고 있다. 밤 11시부터 다음 날 새벽까지 미국 주식시장을 파악하고 오전 8시 30분에 출근한다. 그러나 자꾸만 감기는 눈 때문에 업무가 제대로 되지 않는다. 상사의 꾸중은 이어지고 야근은 필수가 되어 버렸다. 급기야 못 다한 일을 주말 안방까지 가지고 간다. 결국 M씨의 악전고투는 심장병을 가져왔고 그는 현재 휴직계를 내고 통원치료 중이다. M씨는 자신과 가족의 행복을 위해 만든 10억 원을 치료비로 쓸지도 모른다.

'텐인텐 페인'의 또 다른 경우는 바로 '원인텐'이다. 이는 10년 안에 혼자 된다는 뜻. 지나치게 근검절약하는 사람이나 투자 및 정보습득을 위해 일체의 사교생활을 하지 않는 이들을 비아냥거리는 말이다. '텐인텐' 프로젝트에만 신경 쓰면 자신도 모르게 타인과의 교류가 끊어지기 마련이라는 것이 전문가들의 충고이다.

신한은행의 한 재테크 팀장은 "사람들이 부자가 되기 원하는 이유는 행복해지는 방법 중 하나가 돈이기 때문"이라며 "마음이 편안하고 부족함이 없다면 그 사람은 이미 부자라 할 수 있다."고 말했다.

(한 인터넷 사이트에서)

1. 위의 기사를 읽으면서 여러분은 어떤 느낌이 들었습니까?

....

....

....

....

2. 그리스도인으로서 올바른 재테크는 어떤 것이라고 생각합니까?

....

....

....

....

IV. 정리와 메시지

성경은 재물이 가지고 있는 영적 위험을 경고하지만 그렇다고 가난을 그리스도인이 추구해야 할 삶의 표준으로 제시하지는 않습니다. 예수님은 금욕주의를 지지하지 않으셨습니다. 예수님은 축제적인 분위기를 즐기셨습니다. 또 그분은 세례 요한이나 바리새인들과는 달리 금식을 거부하셨습니다(막 2:18-22). 그리고 그분은 잔치에 참여하는 것을 좋아하셨습니다(요 2:1-11).

그리스도교는 예수님이 그러하셨듯이 엄격한 금욕주의를 수용하지 않습니다. 따라서 가난은 그리스도인이 추구해야 할 목표가 아닙니다. 과도한 부가 영적으로 위험하듯이 가난 또한 건전한 신앙에 위협적이기 때문입니다. 아무리 신앙이 돈독한 그리스도인이라고 하더라도 물질이 너무 없어 의식주 문제조차 해결할 수 없을 때는 죄를 지을 수밖에 없습니다. "사흘 굶으면 남의 집 담장 안 넘어갈 사람 없다."는 속담도 있지 않습니까.

이렇게 보면 가난 그 자체는 축복이 아니라 극복해야 할 대상이라고 할 수 있습니다. 따라서 가난한 그리스도인들은 자신의 빈곤을 해결하기 위해 성실하게 노동해야 합니다. 창조사건에서 명확하게 드러나듯이 하나님께서는 일하는 분이십니다. 예수님도 하나님을 '일하시는 존재'(요 5:17)로 묘사하십니다. 하나님께서 일하시듯이 하나님을 따르는 우리 그리스도인들 또

한 열심히 일하는 것이 마땅합니다.

부지런히 일하고 검소한 생활을 하는 그리스도인들 가운데 많은 재물을 소유하게 된 사람들이 생겨나는 것은 자연스러운 일입니다. 따라서 부유한 그리스도인이 재물이 많다는 이유만으로 비난받을 수는 없습니다. 그러나 그렇다고 우리 그리스도인들이 부자가 되려고 재물에 집착하는 태도까지 비판을 면할 수 있는 것은 결코 아닙니다. 그리스도인으로서 이런 태도를 지니는 것은 분명히 잘못된 것입니다.

성경은 그리스도인이 부유해지려고 재물을 좇는 것은 영적으로 잘못된 것이라고 경고합니다. 그리스도인의 목적은 하나님 나라를 건설하고 하나님의 정의를 구현하는 것에 있지, 결코 돈을 벌어 그것을 모으는 데 있는 것이 아닙니다. 하나님의 사업에 정진하다가 그분의 축복을 받아 부유하게 되는 것은 신앙적인 흠이 될 수 없습니다. 그러나 부자가 되기 위해 재물을 모으고 재산을 불리는 데 골몰하다가 부유하게 된 그리스도인을 하나님께서는 기뻐하지 않으십니다.

성경은 인간의 모든 생활을 완벽하게 보장해 줄 수 있는 진정한 보루는 인간 자신도, 재물도, 권력도 아니고 오직 하나님이시라고 말합니다(시121:2). 이런 하나님께서 자신의 나라와 정의를 실현하는 데 헌신하는 그리스도인들의 경제적 삶을 직접 책임져 주신다고 약속하십니다. 따라서 우리 그리스도인들은 경제적인 안정에 대한 염려를 하나님께 맡기고 하나님의 뜻을 이루기 위해 노력해야 합니다.

이런 성경적 관점에서 보면 요즘 우리 사회에 일고 있는 '10억 만들기' 대열에 그리스도인들이 가담하는 것은 올바른 태도가 아닐 것입니다. 성실히 일하고 절약하면서 목돈을 마련하는 것은 신앙적으로 비난받을 일이 아닙니다. 그러나 10억 원을 모으는 일을 삶의 활력이 넘치는 30대에 인생의 최대 목표로 삼는 것은 그리스도교적으로 수용될 수 없습니다. 하나님께서는 재물을 축적하는 데 열중하는 신앙인보다 하나님 사업에 자신의 열정을 바치는 신앙인을 더욱 귀하게 여기실 것입니다.

돈을 벌고 모으면서 우리 그리스도인이 잊지 말아야 할 사실은, '10억 만들기'의 주창자들이 강조하는 것처럼 돈이 행복의 충분조건이 아니라 필요조건에 불과하다는 점입니다. 아무리 세상이 바뀌어 물질만능주의가 득세한다고 해도 돈은 결코 행복에 이르는 가장 중요한 조건일 수는 없습니다. 그리스도인은 누구보다도 이 점을 분명히 해야 합니다. 우리 그리스도인에게 참된 행복이란 하나님의 뜻을 알고 그것에 순종하는 것 외에 다른 것이 아니기 때문입니다.

10년이란 짧은 기간 안에 10억 원이라는 거금을 만들기 위해 남에게 인색하면서까지 이악스럽게 사는 것 또한 신앙적으로 정당화될 수 없습니다. 주위를 돌아보지 않고 악착같이 돈만 모으다가 친구도 없어지고 친척과도 관계가 끊어지는 인생을 성공적인 인생이라고 평가할 수는 없습니다. 이런 삶의 자세를 지닌 부모를 환영할 자녀들은 거의 없을 것입니다. 더구나 우리 교회들에 이러한 자린고비형의 그리스도인들이 늘어난다면 복음을 전파하는 일은 더욱 어렵게 될 것입니다.

돈만 얻고 사람은 잃는 인간은 소외된 존재로 전락하지 않을 수 없습니다. 이렇게 보면 돈의 진정한 의미는 모음이 아니라 나눔에 있다고 할 수 있습니다. 그래서 예수님은 재물을 이웃과 나누는 것은 외면한 채 쌓아놓기만 하는 부자를 '어리석은 사람'(눅 12:20)이라고 평가하십니다. 같은 이유에서 예수님은 이웃에게 후하게 베풀 것을 명령하십니다. 그러면서 그분은 아낌없이 베푸는 자에게 '누르고 흔들어 넘치도록'(눅 6:38) 채워 주실 것을 약속하십니다.

V. 더 깊은 연구를 위하여

김대중. 『나의 꿈 10억 만들기』. 서울: 원앤원북스, 2003.
헹엘. 『초대 교회의 사회경제사상』. 이정희 역. 서울: 대한기독교서회, 1981.

제3과

예수님,
명품 아케이드에
가시다

I. 현실 바라보기

미스 김은 사내에서 손꼽히는 베스트 드레서. 결혼 적령기의 그녀는 이번 주말에 근사한 신랑감 후보 한 명을 소개받기로 되어 있다. '흠, 이 귀한 자리에 아무렇게나 나갈 수는 없지.' 한동안 고민하던 그녀는 뜨거운 태양빛을 우아하게 가려 줄 양산으로 멋스러움을 한껏 뽐내려 마음먹는다. 지난해 큰마음 먹고 구입한 게 있기는 하지만 벌써 한참 지난 구닥다리로밖에는 보이지 않는다.

그녀의 머릿속에는 벌써 이름만 대면 알 만한 잡화 브랜드들이 줄을 잇는다. 'A브랜드, 최고의 제품이지. 하지만 가격이 좀 비싸다는 게 걸리는군.' 이보다 조금 떨어지는 B브랜드 역시 국내 최고의 명품이지만 제품 가격은 A브랜드 제품의 3분의 2에 불과하다. 그렇다고 기능상에 별반 차이가 나 보이지도 않는다. 그러나 미스 김은 주저할 것 없이 합리적인 소비자이기를 포기한다. 선택은 당연히 A브랜드. 왜? 난

소중하니까.
(김상일, "신세대 소비자, 모순의 소비코드를 읽어라", 《주간경제》, 제738호)

1. 명품을 구입한 적이 있습니까? 만일 그렇다면 어떤 제품을 어떤 이유에서 선택하게 되었습니까?

....

....

....

2. 유명 브랜드와 일반 브랜드 간의 차이는 무엇이라고 생각합니까?

....

....

....

II. 현실에서 성경으로

1. 요즘 우리 사회에는 고가의 유명 브랜드 제품을 구매하는 사람들이 점점 늘어나고 있습니다. 이런 명품 브랜드에는 어떠한 것들이 있습니까? 명품소비 현상의 원인은 무엇이라고 생각합니까?

....

....

....

....

2. 유명 브랜드 제품을 구매하는 사람들 가운데 적지 않은 이들이 명품소비
에서 자신의 존재가치를 확인하고 있습니다. 반면에 이런 명품을 소비
할 능력이 없는 사람들은 많은 경우 자신은 존재할 가치가 적은 인간이
라고 생각하고 있습니다. 이런 삶의 자세가 성경적이라고 생각합니까?

....

....

....

3. 성경은 인간의 존재가치를 그의 상품소비 능력과 연결시켜 이해하지
않습니다. 창세기 1장 27절과 베드로전서 2장 9절을 읽고 성경에서 말
하는 인간은 어떤 존재인지에 관해 이야기해 봅시다.

....

....

....

....

4. 성경은 인간의 존재가치에 대해서뿐만 아니라 인간의 악한 본성에 관
해서도 서술하고 있습니다. 성경이 경계하고 있는 인간의 악한 본성에
는 어떠한 것들이 있습니까? (롬 1:29-31)

....

....

....

5. 모든 인간들이 공통적으로 지니고 있는 악한 본성들은 우리의 일상적 인 소비행태에도 영향을 끼칠 수 있습니다. 여러분의 일상적인 소비행 태는 필요에 의해서 결정되고 있습니까, 아니면 자랑이나 욕심에 의해 서 결정되고 있습니까?

....

....

....

6. 만일 그리스도인으로서 여러분이 외형적인 기준에 따라 명품을 지닌 사람과 그렇지 못한 사람을 차별한다면 성경은 여러분의 이런 태도에 대해 어떤 평가를 내리겠습니까? (롬 2:11, 엡 6:9)

....

....

....

....

7. 하나님께서는 외모로 사람을 취하지 않으십니다. 그렇다면 하나님께서 인간을 판단하시는 결정적 기준은 무엇이라고 생각합니까? (삼상 16:7)

....

....

....

8. 우리의 명품소비 행태는 주변 사람들로 하여금 커다란 상대적 박탈감

이나 빈곤감을 느끼게 할 수 있습니다. 이러한 면에서 그리스도인으로서 우리의 임무는 무엇이라고 생각합니까? (고전 10:24)

....

....

....

명품소비 행태는 우리가 이웃에게 자선을 베풀 수 있는 경제적 여력을 축소시킵니다. 이런 맥락에서 로널드 사이더는 "우리는 자신을 위해 덜 소비함으로써 우리가 돌보지 않으면 죽게 될 이웃의 삶을 변화시킬 수 있다."고 이야기합니다.

9. 명품소비 풍조로 인해 우리가 잊고 있었던 '나의 이웃'이 누구인지에 관해 이야기해 봅시다.

....

....

....

Ⅲ. 성경에서 실천으로

"럭셔리(luxury) 브랜드와 안 친해요." 명품족이 유난히 많은 연예계이지만 오히려 명품을 멀리하는 연예인도 간혹 있다. 연예인 L씨는 최근 한 유명 시계 회사로부터 500만 원대의 명품시계를 협찬받았다. "공짜로 줄 테니 차고 다니면서 입소문을 내달라."는 스타 마케팅 전

술. 그러나 L씨는 "부담스럽고 내 스타일이 아니다."라는 이유로 이 시계 대신 자신이 아끼던 2만 원짜리 시계를 다시 손목에 찼다.

연예인 C씨는 한술 더 뜬다. 그는 "명품에 몸을 맞출 생각이 추호도 없다."고 잘라 말했다. 몇 달 전 절친한 언니에게서 선물 받은 명품 핸드백을 한 번도 들고 다니지 않은 이유도 "명품 핸드백을 메려면 최소한 코트나 구두도 핸드백에 맞는 수준으로 바꿔야 하는데 그렇게까지 하기는 싫다."는 것이다. C씨는 "분수에 맞게 살고 싶다. 내가 가장 좋아하는 스타일은 트레이닝복."이라고 말했다.

(한 잡지 인터뷰에서)

1. 위의 기사를 읽으면서 여러분은 어떤 느낌이 들었습니까?

....

....

....

....

2. 경제학적인 면에서 합리적인 소비란 저렴하면서도 질이 좋은 제품을 구매하는 태도라고 정의할 수 있습니다. 그리스도인으로서 우리가 합리적인 소비자가 되기 위해서는 어떤 구매 자세를 가져야겠습니까?

....

....

....

....

3. 우리 주변에는 비록 명품을 만들지는 않지만 저렴하면서도 품질이 좋
   은 제품들을 생산하고 있는 기업들이 있습니다. 이런 기업들의 이름을
   나열해 봅시다.

   ....

   ....

   ....

   ....

Ⅳ. 정리와 메시지

주변에서 1997년 말 경제위기 때보다 더 살기가 어렵다는 푸념들을 늘어
놓고 있습니다. 실제로 가계의 소비활동이나 기업의 투자활동이 상당히 위
축되었으며 극심한 취업난으로 젊은이들 가운데 절반 정도가 실업상태에
빠져 있는 실정입니다. 이런 상황에도 불구하고 명품열풍은 식을 줄 모르고
있습니다. 최근에는 모조명품이 일반화되면서 모조품과 구별이 될 수 있는
더 희귀한 명품, 더 비싼 명품을 찾는 풍조까지 생겨나고 있습니다.

그런데 이보다 더 큰 문제는 소득이 없는 청소년이나 대학생들까지도 과
도하게 명품을 선호하고 있다는 사실에 있습니다. 개중에는 친구들끼리 소
위 명품 계를 만들어 한 달에 10만 원 정도를 곗돈으로 부으면서 계를 타서
명품을 구입하는 사례까지 생겨나고 있습니다. 이런 명품소비 현상이 우리
사회에 뿌리를 내려가는 데는 여러 가지 원인이 있겠지만 그 가운데 핵심적
인 것으로는 다음의 두 가지를 들 수 있습니다.

첫째로 소득과 부의 분배가 불균등해지는 것에서 그 원인을 찾을 수 있습니다. 경제위기 이후 우리 사회의 분배상황은 상당한 정도로 악화되고 있습니다. 우선 강도 높은 기업 구조조정으로 실업자와 비정규직 노동자가 양산되어 소득의 격차가 심화되고 있습니다. 게다가 경제위기 직후의 초고금리, 1999년과 2000년에 있었던 코스닥 시장의 과열, 그리고 2001년부터 시작된 부동산 투기로 인해 부의 분배도 극심하게 불균등해지고 있습니다.

　소득과 부의 분배가 불균등해지면서 부자는 더 부유하게 되고 빈자는 더욱 가난해지고 있습니다. 이전보다 소득이 높아진 부유한 계층은 소비 수준을 높이게 됩니다. 반면 소득이 상대적으로 낮아진 가난한 계층은 많은 경우 상대적 박탈감을 보상하기 위해 과시적 소비를 늘리게 됩니다. 이런 사회 경제적 상황에서 값비싼 명품소비가 늘어나는 것은 자연스런 현상이 아닐 수 없습니다.

　둘째로 외모지상주의가 득세하는 것도 명품소비 현상의 주요한 배경을 이루고 있습니다. 우리 사회에 외모지상주의라는 흐름을 만들어 내는 데 가장 크게 기여한 것은 역시 인터넷의 보급일 것입니다. 인터넷이 만들어 내는 사이버공간 안에서는 보이는 외형이 그럴 듯하면 그것은 내용과 상관없이 대중의 인정을 받게 됩니다.

　이런 인정방식 때문에 사람들은 점점 더 자기를 나타내고 과시하기에 열을 올립니다. 이런 열풍이 구조화되어서 나타난 현상이 외모지상주의라고 할 수 있습니다. 우리가 이 과에서 다루고 있는 명품소비 행태도 외모지상주의의 대표적인 예라고 할 수 있습니다. 밖으로 보이는 외형적인 것들만을 중시하는 외모지상주의가 급속히 번져 가면서 우리 사회의 구성원들은 분에 넘치는 명품소비를 통해 자신의 존재가치를 확인하고, 나아가 외부세계에 드러내고 있는 것입니다.

　그러나 분명한 것은 이러한 외모지상주의나 명품소비 풍조는 성경이 가르치고 있는 기본 정신에 어긋난다는 사실입니다. 성경은 하나님께서 자신의 형상을 따라 창조하신 인간이 그가 드러내고 있는 외모와는 상관없이 고 귀한 존재라는 사실을 우리에게 분명히 가르쳐 주고 있습니다. 그리고 외모 보다는 내면을, 욕망과 과시를 위한 소비보다는 필요를 위한 소비를, 자기 치장보다는 이웃과의 나눔을 강조하고 있습니다. 이렇게 보면 명품소비 풍 조는 성경의 가르침과는 어긋나는 사회현상이 아닐 수 없습니다.

성경적인 면에서뿐만 아니라 경제적인 관점에서도 명품소비 현상은 건전하 다고 할 수 없습니다. 경제적인 관점에서 가장 중요시되는 태도는 합리적인 것 입니다. 소비행태에서도 마찬가지입니다. 여기서 말하는 합리적인 소비란 가 격이 저렴하면서도 품질이 우수한 제품을 구입하는 태도를 뜻합니다.

그런데 명품소비 풍조는 이런 합리적인 소비자세와는 정반대됩니다. 우리 에게 많이 알려진 명품들은 대개 프랑스나 이태리와 같은 유럽 국가들에서 수 백 년 전부터 귀족들의 위신을 강조하기 위해 제작한 것들입니다. 그러나 산업 이 발달함에 따라 점차로 명품의 이런 위신기능이나 차별화 기능이 약화되고 있습니다. 왜냐 하면 소위 명품 대열에 들지 못하는 일반 브랜드 제품들도 기 능이나 디자인 면에서 유명 브랜드 제품들과 차이가 거의 없기 때문입니다.

결국 일반 브랜드 제품과 유명 브랜드 제품은 대부분의 경우 지명도에서 만 그 차이가 드러난다고 할 수 있습니다. 이는 가짜 명품을 뜻하는 '짝퉁' 이 모든 면에서 진품과 거의 구별이 어렵다는 사실에서 확인할 수 있습니 다. 이런 사실에도 불구하고 우리 그리스도인들이 단지 유명 브랜드라는 이 유 때문에 어떤 제품을 선택한다면 우리는 이미 합리적인 소비자이기를 포 기한 것이나 다름이 없다고 할 수 있습니다.

V. 더 깊은 연구를 위하여

이혁배. "한국 사회의 분배 문제에 관한 기독교 윤리적 성찰", 「2004년 공동
    연차대회 자료집」. 한국기독교윤리학회 · 한국복음주의윤리학회 편.
황호찬. 『돈, 그 끝없는 유혹』. 서울: IVP, 1996.

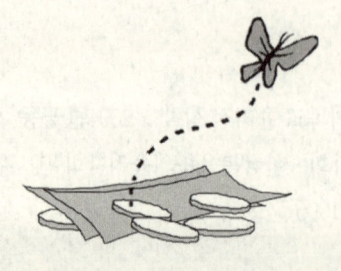

제4과
예수님, 로또 복권을 경계하시다

1. 현실 바라보기

'로또 김칫국족'을 아십니까? 로또 복권을 사놓고 당첨되기도 전에 김칫국부터 마시는 사람들이 여기저기 등장, 화제 아닌 화제가 되고 있다. 고급 자동차, 대형 아파트 등 평소 자신이 갖고 싶었던 것을 구입하기 위해 아이 쇼핑을 하는 사람이 늘고 있다. 마치 자신이 대박 주인공이 된 것처럼 착각, 당첨금으로 화끈하게 돈을 쓰겠다는 로또 김칫국족이 그들이다.

이들의 특징은 일단 전화를 걸어 가격을 알아본 뒤 바로 끊거나 매장을 직접 찾아 견적을 뽑아 보고 "다시 오겠다."는 말과 함께 사라지는 것. 이들이 가장 많이 찾는 곳은 외제 고급 자동차 대리점이다. 전시 차량을 구경하고 견적까지 뽑아 행운을 만끽한다. (중략)

부동산 중개업소를 찾아 빌딩이나 집 시세를 살펴보기도 한다. 서울 강남구 논현동에서 부동산 중개업을 하는 신 모씨(44)는 "점심때마다 30대 직장인 두세 명이 가끔 찾아온다. 좋은 매물이 없느냐고 물어보는데 모두들 살펴본 뒤 연락이 없다."며 "몇 번 다그쳐 물어보니 로또를 산 뒤 기분 내려고 왔다고 말해 어처구니가 없었다."고 쓴웃음을 지었다.

여행사에 해외여행을 문의하는 사람들도 더러 있다. 탑 항공여행사의 관계자는 "요즘 들어 부쩍 해외여행을 가겠다는 사람이 많아 의아해하고 있다."며 "해외여행을 할 것처럼 가격이나 편의시설 등을 자세히 알아본 뒤 아무 말 없이 전화를 끊는 일이 하루에도 몇 건씩 있다."고 밝혔다. 로또 열풍이 또 다른 신드롬을 낳고 있는 셈이다.

《굿데이》, 2003년 2월 4일자)

1. 로또 복권을 구입한 경험이 있습니까? 만일 그렇다면 구입의 동기는 무엇이었습니까?

....

....

....

2. 우리 사회에 로또 김치국족 등장과 같은 로또 열풍이 풀고 있는 사회적 원인은 무엇이라고 생각합니까?

....

....

....

....

3. 로또 복권이 개인과 사회에 미치는 영향은 무엇인지에 관해 토의해 봅시다.

....

....

....

....

☀ II. 현실에서 성경으로

1. 요행이나 행운을 바라는 마음이 하나님을 온전히 신뢰하는 태도와 양립할 수 있습니까? (출 20:3-6)

....

....

....

....

2. 로또 복권이 부추기고 있는 사행심은 사람들의 건강한 삶을 파괴하는 힘을 지니고 있다고 합니다. 그 이유가 무엇인지에 관해 서로 토의해 봅시다.

....

....

....

3. 로또 복권 외에 우리 사회에서 문제가 되고 있는 사행산업들에는 어떤
   것들이 있습니까?

   ....

   ....

   ....

4. 로또 복권을 비롯한 각종 사행산업이 조장하는 요행심으로부터 우리는
   그리스도인으로서 자신을 지키기 위해 어떤 신앙적 노력을 기울여야
   합니까? (엡4: 17-24)

   ....

   ....

   ....

   ....

5. 사행산업들이 부추기는 요행심리에 물들지 않기 위해 그리스도인은 어
   떤 윤리적 의무를 준수해야 합니까? (살후 3:10-12)

   ....

   ....

   ....

   ....

6. 노동의 목적이 무엇인지에 관해 토론해 봅시다. (창 1:28, 살후 3:8-9)

   ....

7. 성경은 노동 없이 이루어진 불로소득이나 일확천금에 대해 어떤 평가를 내리고 있습니까? 여러분이 획득한 재화가 정의로운 것이 되기 위한 조건은 무엇입니까? (창 3: 17-19)

> 복권을 사는 사람은 부유한 사람이 아니라 가난한 사람들이다. 절박한 처지에 있는 사람일수록 우연을 믿고 싶은 심정이 강하기 때문일 것이다. 따라서 정부가 복권으로 재원을 조달하는 경우 결국 그 부담은 가난한 사람이 주로 지게 된다. 복권은 정부가 활용할 수 있는 재원 조달 방법 중에 가장 역진적(regressive)인 성격을 띠고 있다. 여기서 역진적이라는 것은 가난한 사람일수록 세금의 부담이 상대적으로 더 큰 것을 뜻한다.
>
> (이준구, 『새 열린 경제학』, 53쪽)

8. 위의 인용문을 읽고 분배 정책적 면에서 로또 복권이 드러내고 있는 문제점을 지적해 봅시다.

....

....

....

....

9. 로또 복권이 당첨될 확률은 0%에 가깝기에 로또 복권을 통해 가난한 자들이 자신의 경제적 형편을 향상시키는 것은 거의 불가능하다고 할 수 있습니다. 이런 상황에서 성경은 가난한 계층의 경제적 수준을 높이는 문제와 관련해서 어떤 처방을 제시하고 있습니까? (행 4:32-35)

....

....

....

....

....

10. 사도행전은 초기 그리스도인들이 서로 소유물을 나눔으로써 그들 가운데 가난한 자가 없었던 초대 교회 공동체의 모습을 보도하고 있습니다. 이런 나눔을 정책적인 차원에서 제도화할 수 있는 방안은 무엇인지에 관해 토론해 봅시다.

....

....

....

....

....

　세금을 제대로 걷고 사회복지를 충실하게 전개하는 것이 성경에서 말하는 나눔을 제도화할 수 있는 가장 좋은 방법이라고 할 수 있습니다. 이런 방안이 우리 사회에 구체화될 때 서민들은 자신의 경제적 삶을 더욱 안정적으로 영위할 수 있고, 그렇게 되면 대박을 꿈꾸면서 로또 복권을 구입하려는 유혹에서도 더욱더 자유롭게 될 것입니다.

11. 우리나라의 조세 제도와 사회복지 제도가 지니고 있는 문제점은 무엇입니까? 이 두 제도를 개선하기 위해 요구되는 정책적인 과제들에 관해 토의해 봅시다.

....

....

....

....

....

우선 개인적으로 그리스도인들은 재미삼아 복권을 사거나 카지노에 가서 슬롯머신을 하는 것에 대해 결코 가볍게 생각해서는 안 되고, 삼가도록 노력해야 한다. (중략) 그냥 재미로 한다지만 그리스도인은 슬롯머신이나 로또와 같은 것은 가까이하지 않는 것이 바람직하다. 이것이 요행심리와 습관으로 자리 잡을 수 있음을 결코 간과해서는 안 된다. 그리스도인들은 스트레스와 여가 욕구를 건전한 문화 활동, 스포츠, 사회봉사 활동 같은 것에서 해소하도록 신경을 돌려야 할 것이다. 그리고 사회적인 차원에서도 지방자치단체들과 정부가 더욱 건전한 스포츠 시설, 문화와 오락 시설을 확충하는 데 관심을 기울여야 한다.

둘째로 그리스도인들은 도박산업을 공공연히 또는 음성적으로 후원하는 정부시책과 사회적 분위기에 저항하며 구조적인 개선을 위해 노력해야 한다. 2003년 초에 정부 주도의 로또 판매 정책에 기독교윤리실천운동과 같은 몇몇 시민단체는, 법적 근거 없이 자행하는 로또 사업에 중단 처분을 내려 주도록 법원에 로또 판매 금지 가처분신청을 제출한 바 있었다. 물론 기각되었다.

2004년 들어서 정부가 기존 49개 복권들의 당첨금을 2배에서 10배까지 대폭 인상하면서 로또 복권의 배당액을 줄이겠다는 안을 내놓자, 기윤실을 포함한 110개 시민단체들은 이에 반대하는 선언문과 건의서를 국무조정실장에게 보냈다. 로또 복권을 설립하여 복권 난립을 줄이겠다던 처음의 중요한 목적 대신에 다른 복권들의 배당금을 늘려 경쟁력을 높이는 방식으로 로또 복권의 열기를 줄이겠다는 것은 미봉책이라고 일제히 비판하고, 계속적으로 인터넷을 통해 이 운동을 전개하고 있다.

(신원하, 『시대의 분별과 윤리적 선택』, 189-190쪽)

1. 위의 인용문은 그리스도인들이 로또 복권 문제를 해결하기 위해 수행
   해야 할 실천과제들을 제시하고 있습니다. 이런 실천과제들에 동의하
   는지, 그리고 이외에 더 보충해야 할 실천과제는 없는지에 관해 서로
   이야기해 봅시다.

....

....

....

....

☀ IV. 정리와 메시지

1969년 주택복권이 발행된 이래 우리나라의 복권산업은 지속적으로 성장
하고 있습니다. 특히 2003년에는 로또 복권이 판매되면서 그 성장이 가속화
하고 있습니다. 로또 복권을 비롯한 사행산업의 발전은 개인의 의식세계와
사회 전반에 커다란 악영향을 미칩니다. 구체적으로 사행산업의 확대는 요
행심리를 조장하고 근로 의욕을 상실하게 합니다. 또 근면검소의 생활윤리,
건강한 놀이문화 그리고 비판적인 사회의식이 뿌리내리는 데 장애요소로
작용합니다. 더 나아가 특유의 역진적인 성격으로 인해 분배구조를 악화시
킵니다.

이런 부정적인 영향력을 지니고 있음에도 불구하고 우리 사회에서 사행
산업, 특히 로또 복권 사업이 번창하고 있는 이유는 무엇이겠습니까? 그것
은 적지 않은 사회 구성원들의 경제적 삶이 위협받고 있기 때문입니다. 빈
부격차의 심화, 실업률의 상승, 비정규직의 증가 등으로 인해 상당수의 서민
들이 빈곤의 끝으로 떨어지고 있습니다. 그런데도 정부는 분배구조를 개선

하기 위한 실효성 있는 정책방안을 제시하지 못하고 있습니다. 이런 상황에서 인생의 돌파구가 보이지 않는 이들에게 인생역전을 약속하며 다가가는 로또복권은 뿌리치기 어려운 유혹이 아닐 수 없습니다.

그런데 분명한 사실은 로또 복권이 성경에서 제시하는 인생관과 명백하게 대립한다는 것입니다. 하나님께서는 그리스도인들이 요행심이나 운수에 기대어 사는 것을 원하지 않으십니다. 따라서 그리스도인은 경제생활에서도 하나님만을 온전히 신뢰해야 합니다. 하나님에 대한 이런 신뢰를 회복하기 위해서 그리스도인은 믿지 않는 사람들과는 다르게 허망한 것을 생각하지 말아야 하며 유혹의 욕심을 따라 살아서도 안 됩니다.

이런 신앙적 노력을 경주함과 아울러 그리스도인은 노동의 신성한 가치를 인식하고 노동에 성실한 자세로 임해야 합니다. 성경은 인간의 노동이 단순히 먹고 살기 위한 수단 이상의 의미가 있다는 사실을 강조합니다. 성경에서 노동은 "땅을 섬기고 다스리라"는 하나님의 창조명령을 실천할 수 있는 주요한 통로가 됩니다. 또 성경은 노동을 통한 삶의 자립성이 중요하다는 사실을 강조합니다. 그리스도인은 노동을 경시하게 만드는 로또 복권이 성경의 정신과 어긋난다는 사실을 분명히 인식하면서 자신에게 주어진 일터에서 최선을 다해야 할 것입니다.

한편 제도적인 면에서 그리스도인들은 로또 복권사업을 후원하는 정부시책의 문제점을 지적하면서 이 사업의 질적인 개선을 촉구해야 합니다. 그리고 그리스도인들의 이런 노력을 더 큰 힘으로 묶기 위해 로또 열풍 확산에 저항하는 기윤실을 비롯한 시민단체들의 활동에 적극적으로 동참해야 합니다.

더 나아가 그리스도인들은 서민들로 하여금 로또 복권이 제시하는 대박신화에서 벗어나게 하기 위해 성경에서 이야기하는 나눔을 제도화하는 일에 많은 관심을 기울여야 합니다. 그런데 이런 나눔의 제도화는 정부가 세금을 제대로 걷고 사회복지를 충실하게 전개할 때 실현될 수 있습니다.

이런 맥락에서 그리스도인들은 정부가 부동산 투기행위에 대해 세금을 무겁게 부과하고 있는지, 세금을 내는 사람의 소득 크기에 따라 세금부담을 달리하는 직접세에 비해 소득수준과 관계없이 세금을 내는 모든 이들에게 같은 세율을 적용하는 간접세의 비중이 높지 않은지, 국민기초생활보장 제도가 가난한 계층을 제대로 지원하고 있는지, 사회보험 제도가 질병, 실직, 노령 등과 같은 삶의 위기적 상황에 빠진 사람들을 실질적으로 지지하고 있는지 등에 관해 더욱 적극적인 관심을 기울여야 할 것입니다.

V. 더 깊은 연구를 위하여

신원하. 『시대의 분별과 윤리적 선택』. 서울: SFC출판부, 2004.

이준구. 『새 열린 경제학』. 서울: 다산출판사, 2001.

이혁배. "한국 사회의 분배문제에 관한 기독교 윤리적 성찰", 『2004년 공동 연차대회 자료집』. 한국기독교윤리학회 · 한국복음주의윤리학회 편.

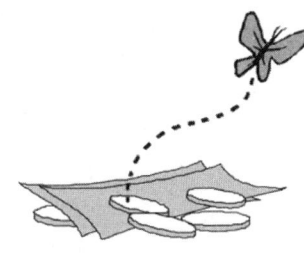

제5과

예수님, 사이버 시장에 가시다

☀ I. 현실 바라보기

지난해 사이버 쇼핑몰 거래액이 급증한 것으로 나타났다. 통계청이 발표한 "2003년 사이버 쇼핑몰 통계조사"의 결과에 따르면 사이버 쇼핑몰 거래액은 화장품이 4천 660억 원, 옷은 9천 299억 원으로 전년보다 각각 67.9%와 35.8% 증가한 것으로 집계되었다. 또 스포츠 · 레저 용품 거래액은 2천 887억 원, 아동 · 유아용품은 1천 921억 원, 여행 및 예약 서비스는 5천 240억 원으로 전년보다 각각 44.9%, 42.5%, 41.4% 급증한 것으로 나타났다.

한편 작년 말을 기준으로 해서 사이버 쇼핑 사업체 수는 총 3천 358 개로 1년간 16.0% 늘어났고 연간 거래규모도 7조 548억 원으로 전년보다 17.0% 증가한 것으로 집계되었다.

《《중앙일보》, 2004년 2월 8일자)

1. 여러분은 얼마나 자주 인터넷을 통해 사이버 시장에 들어갑니까? 사이
   버 시장에서 여러분이 구매하는 상품들은 대개 어떤 것들입니까?

   ....

   ....

   ....

   ....

2. 사이버 쇼핑과 TV 홈쇼핑, 그리고 오프라인 쇼핑의 차이점은 무엇입니
   까? 이 세 가지 쇼핑의 형태 가운데 여러분이 가장 선호하는 것은 무엇
   입니까? 그리고 선호하는 이유는 무엇입니까?

   ....

   ....

   ....

   ....

   ....

II. 현실에서 성경으로

1. 사이버 시장에서 거래되고 있는 상품들을 열거해 봅시다. 성경적 관점
   에서 볼 때 이들 가운데 거래가 금지되거나 제한되어야 할 상품들은 무
   엇입니까?

   ....

   ....

2. 사이버 시장에서 거래가 금지되거나 제한되어야 할 대표적인 상품들로는 누드사진, 인터넷게임, 아바타 등을 들 수 있습니다. 성경적 관점에서 이런 품목들의 거래를 규제해야 하는 이유는 무엇입니까? (막 7:21-23, 막 12:29-31, 롬 13:13-14)

....

....

....

....

3. 여러분은 이런 많은 문제점을 지닌 사이버 시장을 오프라인 시장과 마찬가지로 하나님께서 주관하시는 피조세계라고 생각하고 있습니까? (시 24:1, 대상 29:11)

....

....

....

4. 사이버 시장이 하나님이 다스리시는 피조 세계를 이루고 있음은 분명합니다. 따라서 사이버 시장이 드러내고 있는 문제점들을 이유로 해서 사이버 시장에 대해 부정일변도로 보는 시각은 그리스도교적일 수 없습니다. 그렇다면 그리스도인들은 사이버 시장에 대해 어떤 자세를 가져야 합니까?

....

....

사이버 시장은 부정적인 면뿐만 아니라 긍정적인 면도 있습니다. 따라서 그리스도인이 사이버 시장을 일방적으로 부정하거나 긍정하는 것은 균형 잡힌 경제윤리와는 거리가 있습니다. 결국 그리스도인에게 중요한 것은 사이버 시장이 지닌 부정적인 부분을 최소화하는 동시에 긍정적인 부분을 최대한 부각시키면서 사이버 시장을 윤리적으로 구성하는 일일 것입니다.

5. 1번과 2번 질문에 대한 답변을 토대로 해서 사이버 시장을 윤리적으로 형성하는 데 기여할 수 있는 구매기준의 목록을 작성해 봅시다.

....

....

....

....

....

(작성의 예)
(1) 성의 상품화를 부추기지 않아야 한다.
(2) 시장 참여자들로 하여금 이웃과 주변 세계로부터 멀어지지 않도록 해야 한다.
(3) 소비자의 충동구매를 지나치게 부추기지 않아야 한다.
(4) 과도한 이윤추구나 속임수가 개입되지 않아야 한다.
(5) 중독성을 지니고 있지 않아야 한다.

사이버 쇼핑에는 유익한 점도 적지 않게 있습니다. 이런 이유 때문에 사이버 시장이 급속도로 확대되고 있는 것입니다. 사이버 쇼핑이 지닌 장점들 가운데 결정적인 사항을 꼽으라면 오프라인 쇼핑에 비해 구입가격이 저렴하다는 것을 들 수 있습니다. 그런데 문제는 우리 주위에 컴퓨터가 없거나 컴퓨터가 있더라도 인터넷을 사용할 수 없어 사이버 쇼핑의 경제적 이점을 활용하지 못하는 사람들이 적지 않다는 사실입니다.

6. 성경은 소수에게 재물이 집중되어 빈부격차가 심화되는 현상에 대해 어떤 평가를 내리고 있습니까? (사 5:8)

....

....

....

> 오늘날 이윤 확보를 위한 가장 큰 힘은 인터넷과 관련한 정보기술이다. 이 때문에 '인터넷 자본주의'라고 하기도 한다. 산업자본주의가 '소유의 시대'였다면, 인터넷 자본주의는 인터넷의 가치 있는 정보에 접속해야 이윤을 만들 수 있는 '접속의 시대'이다.
>
> (박창호, 『사이버 공간의 사회학』, 138쪽)

7. 빈부격차에 관한 성경의 부정적 평가를 인터넷이나 사이버 시장의 이용률 격차 현상에 대해서도 그대로 적용할 수 있다고 생각합니까? 만일 그렇다면 그 근거는 무엇인지에 관해 이야기를 나누어 봅시다.

....

....

....

2003년에 집계된 한 통계조사에 따르면 일반 국민과 소외계층의 인터넷 이용률 격차가 갈수록 심해지고 있는 것으로 드러났다. 장애인의 경우 인터넷 이용률은 27.6%로 2002년보다 5.2% 포인트 증가했고, 장·노년층의 경우는 14%로 4.9% 포인트 높아졌으며, 처음 조사대상이 된 기초생활보호대상자의 이용률은 31.7%를 기록한 것으로 집계되었다. 한편 전체 국민의 인터넷 이용률은 65.5%로 2002년에 비해 6.1% 포인트 증가했는데, 이에 따라 전체 국민과 장애인의 인터넷 이용률 격차는 2002년 37% 포인트에서 37.9% 포인트로, 장·노년층은 50.3% 포인트에서 51.5% 포인트로 더욱 심하게 벌어진 것으로 나타났다.

《한겨레신문》, 2004년 2월 19일자)

8. 여러분은 지금까지 교재의 내용을 통해 '소유물의 나눔'이 성경적 경제윤리의 핵심이라는 사실을 배웠습니다. 그런데 이런 윤리적 핵심을 인터넷 이용률의 격차가 확대되는 사회현실과 연관시키면 어떤 윤리적 기준이 나올 수 있는지에 관해 논의해 봅시다.

....

....

....

....

원래 보편적 서비스(universal service)는 모든 사람들에게 전화 네트워크를 확대함으로써 집에서 자유로운 커뮤니케이션이 가능하게 하는 것을 의미했으나, 새로운 정보기술이 출현하고 정보고속도로에 대한 구상이 구체화되면서 정보통신 네트워크의 접근과 참여, 효율적인 이용을 위한 교육의 확대 등을 포괄하는 개념으로 이해되고 있다.

(권태환 외,『정보사회의 이해』, 206쪽)

9. 성경에서 주장하는 '소유물의 나눔' 은 인터넷 이용 문제와 관련해서는 '접속 기회의 확대' 로 번역될 수 있을 것입니다. 그런데 이 '접속 기회의 확대' 는 정보사회학에서 말하는 보편적 서비스와 동일시될 수 있습니까?

....

....

....

III. 성경에서 실천으로

최근 소비자의 행동분석을 통해 충동적 구매를 부추기는 많은 기법이 개발되고 있다. 그러나 충동적인 구매는 후회하기 마련이며 성경적 기준과도 상반된다. 충동적 구매를 회피하기 위한 맥그리거(MacGregor)의 방법은 이런 의미에서 매우 실제적이고 유익하다. 그것은 한마디로 요약하면 구입 결정을 지연시키는 전략이다. 그는 이 방법을 '행동지연법칙(delayed action rule)' 이라 불렀다. 어떤 물건을 사기 전에 다음과 같이 질문해 보라.

(1) 이 물건이 내게 혹은 우리 가정에 정말로 필요한가?
(2) 가격은 적절한가?
(3) 싼 값으로 살 수 있다면, 그 제품이 신모델인가?

1. 오프라인 시장에서와 마찬가지로 사이버 시장에서도 충동구매를 부추기는 기법들이 상당히 개발되어 있습니다. 그렇다면 위에 열거된 질문들은 모두 사이버 시장에도 적용될 수 있다고 생각합니까? 적용될 수 없는 질문들이 있다면 그것은 무엇입니까? 이런 질문의 목록에 어떤 질문들을 보충할 수 있겠습니까?

....

....

....

....

....

....

정부는 1999년 9월 20일부터 100만 원 미만의 국민PC 보급에 적극 나서고 있다. 농어촌과 도시 서민들이 손쉽게 컴퓨터를 구입할 수 있도록 도입된 국민컴퓨터 적금도 가입자가 15만 명을 넘어섰다. 또 가입자 중 5만여 명이 국민PC를 구입했으며 실태조사 결과 구입자 중

41%가 농어촌에 거주하는 것으로 드러나 국민PC가 저소득층에도 PC를 확산시키는 데 크게 기여한 것으로 나타났다.

이러한 정부의 조치는 국민들 간의 정보 불평등 격차를 줄이려는 노력의 일종으로 받아들여지고 있다. 또 이는 이제 PC의 보급까지 보편적 서비스로 규정된다는 것을 말하는 것이다.

그러나 정부가 추진하고 있는 각종 정보 불균형 해소정책은 생각만큼 실효성이 높지 않은 편이다. 국민PC 보급정책에 따라 하드웨어적 기반은 마련되었지만, 주부대상 컴퓨터 교육의 경우를 예로 들더라도 대상자들의 수준을 제대로 맞추지 못하고 있다는 평가를 받기도 한다.

(권태환 외, 『정보사회의 이해』, 207쪽)

2. 국민PC의 보급 이외에 가난한 계층의 인터넷 이용률을 높이기 위한 방안에는 어떤 것들이 있을 수 있습니까? 이런 방안들 가운데 교회공동체 안에서도 실시할 수 있는 것은 무엇입니까?

IV. 정리와 메시지

인류의 기술진보를 통해 새로이 형성된 사이버 시장에서는 오프라인 시장에서와 마찬가지로 다양한 상품들이 거래되고 있습니다. 각종 생활필수품은 물론 누드사진이나 아바타까지 매매되고 있습니다. 성을 상품화하고 성적 욕망을 과도하게 자극하는 누드사진의 거래가 성경적 세계관과 어긋난다는 것은 더 이상 설명할 필요도 없습니다.

젊은 세대들 사이에서 급속하게 번지고 있는 아바타 거래도 성경적 관점에서 긍정적으로만 평가될 수 없습니다. 평소 실현 불가능했던 다양한 욕구를 사이버 공간에서 자신의 아바타를 통해 표출하면서 대리만족의 쾌감을 느끼고, 더욱이 턱없이 비싼 가격으로 아바타를 거래하는 네티즌들을 시대가 바뀌었다는 이유만을 내세워 두둔하는 것은 그리스도인으로서의 온당한 처신은 아닐 것입니다. 아바타 꾸미기는 우리 젊은이들을 가상의 세계에 몰두하게 함으로써 실제 현실과 대면할 수 있는 능력을 약화시키고, 주변의 이웃들이 겪는 고통에 무관심하게 만들 수 있기 때문입니다. 따라서 그리스도인들은 사이버 시장에서 거래가 금지되거나 제한되어야 할 품목들을 가려낼 줄 아는 혜안을 지녀야 합니다.

그러나 이 대목에서 그리스도인들이 주의해야 할 사항은 사이버 시장도 실제의 오프라인 시장과 마찬가지로 하나님께서 주관하시는 피조세계를 구성하고 있다는 것입니다. 따라서 사이버 시장이 부정적인 면만 있다고 보는 것은 결코 그리스도교적 세계관에서 나온 판단일 수 없습니다.

오늘을 사는 그리스도인들에게 중요한 것은 사이버 시장에 대한 과도한 비관주의를 극복하고 사이버 시장이 지니고 있는 폐해와 이로움을 동시에 고려할 수 있는 안목을 갖추는 일입니다. 더 나아가 사이버 시장의 부정적인 부분을 치유하고 긍정적인 부분을 확대하면서 사이버 시장을 윤리적으로 구성하려는 자세를 갖추는 것입니다.

오프라인 거래와 비교해 볼 때 사이버 거래가 지닌 최대 장점은 저렴한 가격으로 상품을 구매할 수 있다는 것입니다. 그러나 모든 사회 구성원들이 이런 경제적 이점을 활용할 수 있는 것은 아닙니다. 우리 주위에는 아직까지 컴퓨터를 갖고 있지 못하거나 컴퓨터가 있어도 인터넷을 이용할 수 없는 사람들이 적지 않기 때문입니다.

성경적 관점에서 소수에게 재산이 독점되어 있어 빈부격차가 심화되는 현상은 결코 용납될 수 없습니다. 마찬가지로 인터넷 이용률의 격차가 심화되는 것도 성경의 정신과 어긋난다고 할 수 있습니다. 왜냐 하면 오늘날과 같은 정보사회에서는 소득 창출의 주요 원천이 자산소유에서 정보접속으로 바뀌고 있고, 그래서 인터넷 이용률의 격차가 소득의 격차로 이어지기 때문입니다.

이런 이유에서 성경적 경제윤리의 핵심인 '소유물의 나눔' 도 인터넷 이용률이 중요해지는 사회 현실과 관련해서 '접속기회의 확대' 로 번역하여 받아들일 필요가 있을 것입니다. 나아가 실제적으로 우리 그리스도인들은 가난한 이들에게 물질적인 혜택을 베푸는 일뿐만 아니라 빈곤 계층의 인터넷 이용률을 높이는 일에도 적극적인 관심과 노력을 기울여야 할 것입니다.

V. 더 깊은 연구를 위하여

권태환 외. 『정보사회의 이해』. 서울: 미래M&B, 2000.
박창호. 『사이버공간의 사회학』. 대구: 정림사, 2001.
황호찬. 『돈, 그 끝없는 유혹』. 서울: IVP, 1996.

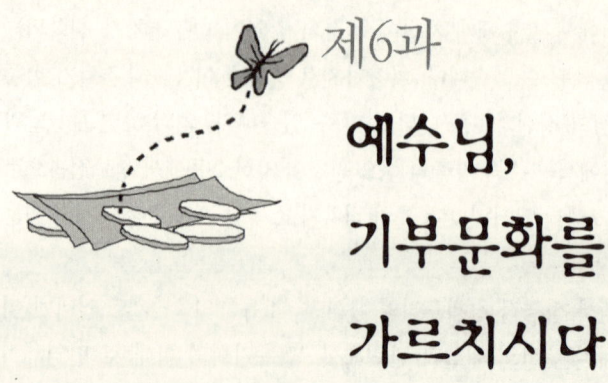

제6과
예수님, 기부문화를 가르치시다

I. 현실 바라보기

"하루 100원씩만 모아도 당신의 이웃을 도울 수 있습니다." 인터넷 사이트를 통해 하루 100원씩 모은 돈으로 보육원이나 장애시설 등을 돕고 있는 모임이 있어 화제이다. 모임 이름은 활동 내용대로 "100원의 이웃사랑"(http://go100won.com.ne.kr). 서울 송파구 마천동 '소망의 집' 등 여덟 곳 이상을 돕고 있는 이 모임의 회원은 대부분 직장인이다.

이 모임을 만들어 지금까지 이끌고 있는 회장은 송파구 잠실3동 소방파출소 부소장인 현철호 씨(49). 1997년부터 부인과 함께 어려운 이들을 남몰래 돕다가 뜻을 같이하는 이들을 모을 요량으로 2000년 말한 포털사이트에 '작은 나눔'이란 사이트를 연 것이 이 모임의 계기가 되었다. 이후 '작은 돈도 아름답게 쓸 수 있다.'는 의미에서 현재의 이름으로 바꾸었다.

이 모임은 다른 인터넷 모임과는 달리 정기모임을 한 번도 갖지 않았다. "매주 한 번 이상 모여 노력봉사하기 바쁜데 우리끼리 모일 필요가 뭐 있느냐"는 게 회원들의 생각이다. "모든 일은 투명해야 서로 믿을 수 있다."는 현 회장의 지론에 따라 회비 현황과 사업 내용은 1원까지 상세하게 인터넷에 공개한다.

이런 운영방침이 좋은 때문인지 회원이 천 명을 넘어섰고 미국, 뉴질랜드 등에서 돈을 보내오는 사람도 있다. 아나운서 손범수 씨와 정세진 씨도 이 모임의 회원이다. 청소년도 많이 찾지만 함부로 돈을 모으는 사이트와 차별화하기 위해 부모의 동의가 있어야만 참여할 수 있다.

현 회장의 꿈은 이 모임을 불우학생을 돕는 장학재단으로 성장시키는 것. 아직은 재정이 튼튼하지 않지만 언젠가는 꿈을 이룰 수 있을 것으로 회원들은 믿고 있다.

《동아일보》, 2004년 1월 26일자)

1. 여러분은 어떤 개인이나 단체를 재정적으로 돕고 있습니까? 만일 그렇다면 기부행위를 하고 난 뒤 어떤 느낌이나 생각이 듭니까? 반대로 전혀 돕고 있지 않다면 그 이유는 무엇입니까?

....

....

....

....

2. '100원의 이웃사랑' 외에 여러분이 알고 있는 기부모임이나 기부재단들의 이름을 나열해 봅시다.

....

....

....

☀ II. 현실에서 성경으로

1. 누가복음 18장 18-30절과 19장 1-10절에는 부에 대한 의로운 반응과 불의한 반응을 보여 주는 두 개의 대조적인 이야기가 나옵니다. 이 두 이야기에서 예수님과 더불어 등장하는 주인공들은 누구입니까? 부에 대한 주인공들의 태도를 간단하게 비교해 봅시다.

....

....

....

2. 부자청년 이야기와 삭개오 이야기의 내용에 근거해 볼 때 예수님은 진정한 제자도의 필수조건으로 자기 재산의 전적인 기부를 요구하신다고 볼 수 있습니까?

....

....

....

  누가복음 19장 8-9절에서 우리는 삭개오의 경우 자기 소유의 절반을 기부하는 것으로 충분하였다는 사실을 확인할 수 있습니다. 이런 사실은 예수님이 소유의 전적인 기부를 제자 됨의 필수조건으로 여기지 않으셨다는 것을 의미한다고 볼 수 있습니다. 그런데 왜 예수님은 부자청년에게 소유물의 전적인 기부를 요구하셨는지 의문이 생길 수 있습니다.

3. 만일 예수님이 부자청년에게 삭개오의 경우에서처럼 재산의 절반을 기부하라고 요구하셨다면 부자청년의 반응은 어떠했을지 서로 이야기해 봅시다.

....

....

....

재산기부 문제와 관련해서 두 이야기의 초점은 기부되는 재산의 크기에 있지 않습니다. 중요한 것은 재산기부자가 어떤 마음 자세를 가지고 있느냐 하는 데 있습니다. 곧 자발성에 근거한 관대함에서 재산을 기부하고 있느냐, 아니면 주저하는 인색함에서 그리 하느냐 하는 것이 핵심적인 사항이 되는 것입니다. 이런 의미에서 바울 사도는 "각각 그 마음에 정한 대로 할 것이요 인색함으로나 억지로 하지 말지니 하나님은 즐겨 내는 자를 사랑하시느니라"(고후 9:7)고 말합니다.

4. 신약성경에 나오는 인물들 가운데 이 부자청년 이외에 주저하는 인색한 마음에서 재산을 기부한 대표적인 사람은 누구입니까? (행 5:1-11)

....

....

....

5. 사도행전 2장의 마지막 부분에서는 재산기부를 통해 사랑의 공동생활을 실천하던 초대 교회 공동체의 모습이 간략하게 보도되고 있습니다. 이 공동체에 속한 그리스도인들의 마음 자세는 어떠하였습니까? (행 2:46)

   ....

   ....

   ....

6. 자발적인 관대함, 곧 기쁘고 순전(순수)한 마음에서 소유를 나눌 수 있어야 한다는 점 이외에 재산을 기부할 때 그리스도인이 주의해야 할 사항들은 무엇입니까? (고후 8:2-3, 마 6:2-4)

   ....

   ....

   ....

   ....

7. 다른 선진 사회들과 비교해 볼 때 우리 사회의 경우 기부문화가 거의 정착되어 있지 못한 실정입니다. 우리의 어떤 생각이나 자세가 기부문화의 정착이나 활성화를 막고 있는지에 관해 논의해 봅시다.

   ....

   ....

   ....

8. 이웃을 위해 기부하기에는 가진 것이 너무 없다는 소극적 자세, 작은 기부금이 사회 전체적으로 무슨 의미가 있겠느냐는 회의적 태도, 열심히 일해서 번 돈을 남에게 기부하는 것은 아깝다는 이기적 생각 등이 우리로 하여금 기부활동에 참여하지 못하게 하고 있습니다. 그런데 성경적 관점에서 우리의 이런 태도나 생각은 어떤 평가를 받을 수 있습니까? (요 6:1-15)

....

....

....

....

　우리 사회에 기부문화가 자리 잡지 못하고 있는 까닭이 이런 개인적인 차원에만 있는 것은 물론 아닙니다. 사회 전체적인 차원에도 기부문화의 정착을 방해하는 여러 가지 요인들이 있습니다. 이런 요인들 가운데 결정적인 것으로 연고주의를 꼽을 수 있습니다. 우리 사회에서는 같은 혈연과 지연 그리고 학연이 있는 사람들끼리 모여 소집단을 이루고 각종 이권을 둘러싸고서 다른 연고주의적 소집단들과 치열한 경쟁을 벌이고 있습니다.

　연고주의가 강한 사회에서 구성원들은 자기가 속해 있는 집단, 곧 내집단에 있는 사람들에게는 헌신적인 지원을 아끼지 않지만, 자기가 속해 있지 않은 집단, 곧 외집단에 있는 사람들에게는 상당히 냉정하며 때로는 적대적이기까지 합니다. 우리 사회가 이런 연고주의를 극복하지 않는 한 구성원들이 어려움에 빠져 있는 먼 이웃, 곧 외집단의 사람들을 위해 재산을 기꺼이 내놓는 기부문화는 제대로 뿌리내리기 어려울 것입니다.

　9. 예수님은 이런 연고주의 문제에 대해 어떤 입장을 취하고 계시는지에

관해 논의해 봅시다. (막 3:31-35)

....

....

....

....

Ⅲ. 성경에서 실천으로

우리 사회에 기부문화를 뿌리내리게 하기 위한 방안은 무엇일까요?

우선 무엇보다도 어릴 때부터 더불어 살지 않으면 안 된다는 인식을 심어 주는 일이 필요할 것입니다. 이를 위해 학교 현장에서 아이들에게 기부를 실천하는 경험을 하게 하는 것이 좋을 것입니다. 얼마 전 일선 학교에서 학생들에게 저금통을 나눠 주고 집에 버려져 있는 외국 동전을 모으도록 하는 캠페인을 벌여 큰 성과를 거두었다고 합니다.

둘째, 전문적인 기부재단이 많이 설립되어 기부행위를 일상화할 필요가 있을 것입니다. 기부문화는 연민과 온정으로 돈을 내고 마는 일시적 기부행위만으로는 뿌리내리기 어렵습니다. 기부문화의 정착은 지속적이고 일관적인 기부행위를 통해서만 가능합니다. 그런데 기부행위의 지속성과 일관성을 확보하기 위해서는 기부 문제에 관한 체계적인 연구결과물을 토대로 해서 형성된 전문적인 기부재단들이 많이 설립되어야 할 것입니다.

셋째, 기부문화 발전의 걸림돌이 되고 있는 제도적 여건을 개선할 필요가 있을 것입니다. 우리 사회의 경우 기부자에 대한 소득공제 혜택이 부실하다는 점이 제도적인 면에서 기부문화를 부실하게 만든 결정적인 원인 가운데 하나입니다. 미국에서는 기부자 소득의 10%, 일본의 경우는 최고 25%까지 세금공제의 혜택을 받고 있습니다. 이에 반해 우리나라에서는 5%까지만 공제 혜택을 받을 수 있고, 그나마 법으로 지정되지 않은 기부금에 대해서는 혜택이 전혀 주어지지 않습니다. 소득공제가 기부행위의 주요한 동기라는 사실을 적극 고려하여 정부는 이 문제에 대해 전향적 태도를 취해야 할 것입니다.

1. 위의 글을 읽고 우리 사회에 기부문화를 정착시키기 위해 그리스도인과 교회 공동체에 부여된 과제가 무엇인지에 관해 논의해 봅시다.

....

....

....

☀ IV. 정리와 메시지

선진국일수록 기부문화가 잘 발달하여 성숙한 시민사회의 형성에 밑거름이 되고 있습니다. 기부행위는 세금과 같이 의무감에 의한 것이 아니라 개인들의 자발성에 근거하는데, 그래야만 시민의식을 성숙시킬 수 있습니다. 더나아가 기부문화는 사회 구성원들 사이에 연대감을 조성함으로써 계층 간의 갈등을 허무는 사회통합의 기능까지 수행할 수 있습니다.

기부문화가 수행하는 사회적 역할이 이처럼 막중함에도 불구하고 우리 사회에서 개인이나 단체의 기부활동은 상당히 부진한 상태에 머물고 있습니다. 이에 최근 들어 언론이나 시민단체들이 기부문화를 활성화하기 위한 운동을 전개하고 있습니다만 아직 뚜렷한 성과는 보이지 않고 있습니다. 그래서 우리 사회의 구성원들은 기부문화라고 하면 아직도 개인의 감정에 호

소하는 방송국의 ARS 모금 프로그램만을 떠올리고 있는 실정입니다.

성경은 이웃을 위해 자기 재산을 기부하는 것을 매우 중요한 신앙적 덕목으로 내세우고 있습니다. 이런 의미에서 예수님은 자기 소유를 팔아 이웃에게 나누어 주겠다고 선언한 삭개오에게 구원을 선포하신 반면, 소유물의 기부를 거부한 부자청년에게 부정적인 평가를 내리셨습니다.

물론 예수님은 그리스도인들에게 소유물의 전적인 기부를 요구하시는 것은 아닙니다. 중요한 것은 기부하는 재산의 크기가 아니라 재산을 기부하는 사람의 마음가짐입니다. 적은 액수의 재물이라고 하더라도 삭개오나 초대 교회 공동체처럼 자발적인 관대함에서 기부하고 있느냐, 아니면 부자청년이나 아나니아 - 삽비라 부부처럼 주저하는 인색함에서 그리하느냐가 중요하다는 말씀입니다. 또 이런 자발적인 관대함 이외에 헌신적으로, 그리고 은밀한 방식으로 이웃에게 재산을 나누어 주어야 한다는 성경의 가르침도 재산을 기부하는 그리스도인들에게는 필수적인 윤리지침이 될 것입니다.

기부행위의 중요성을 알고 있음에도 우리 그리스도인들이 기부활동에 적극적이지 못한 이유에는 여러 가지 요인들이 있을 수 있습니다. 개인적인 면에서 보면 이웃을 위해 기부하기에는 가진 것이 너무 없다는 소극적 자세, 작은 기부금이 사회 전체적으로 무슨 의미가 있겠느냐는 회의적 태도, 열심히 일해서 번 돈을 남에게 기부하는 것은 아깝다는 이기적인 생각 등이 기부활동에 대한 그리스도인의 소극성을 설명해 줄 수 있을 것입니다.

그런데 이런 그리스도인의 자세나 생각은 성경적 세계관과 조화될 수 없습니다. 이 대목에서 우리는 "오병이어의 기적 이야기"에 나오는 소년의 태도를 떠올릴 필요가 있습니다. 소년의 작은 기부가 많은 사람들을 먹일 수 있었다는 성경의 보도를 통해 우리는 어떤 것도 기부할 수 없을 만큼 가난한 사람은 없다는 사실, 작은 기부가 공동체에 커다란 역할을 수행할 수 있다는 사실, 그리스도인은 이웃을 위해 자신의 소유를 기꺼이 내놓을 수 있어야 한다는 사실 등을 깨달을 수 있습니다.

한편 사회 전체적인 면에서도 우리 사회에 기부문화가 제대로 정착되지 못한 이유들이 여럿 존재합니다. 그 가운데 중요한 것으로 연고주의를 들 수 있습니다. 우리 사회의 구성원들은 같은 연고주의적 소집단에 속해 있는 사람들을 위해서는 온갖 뒤치다꺼리를 다해 주지만 자기 집단 이외의 불우한 사람들에게는 냉담한 태도를 보이고 있습니다. 이런 상황에서 기부문화가 정착되지 못하고 있는 것은 자연스러운 사회현상이 아닐 수 없습니다.

그런데 예수님은 이런 연고주의가 그리스도교의 복음과 어긋난다는 점을 분명히 밝히고 계십니다. 아무런 거리낌 없이 연고주의적 행태나 논리를 수용하고 있는 우리 그리스도인들을 향해 예수님은 연고주의를 넘어 박애주의로 나아갈 것을 요구하고 계십니다. 이 요구에 응답하여 그리스도인들은 우리 사회 곳곳에 독버섯처럼 퍼져 있는 연고주의에 저항함으로써 기부문화를 뿌리내리는 데 혼신의 노력을 다해야 할 것입니다.

V. 더 깊은 연구를 위하여

황호찬. 『돈, 그 끝없는 유혹』. 서울: IVP, 1996.
리처드 헤이스. 『신약의 윤리적 비전』. 유승원 역. 서울: IVP, 2002.
마틴 헹엘. 『초대 교회의 사회경제사상』. 이정희 역. 서울: 대한기독교서회, 1981.

❋ 집필자

1권 "기독교윤리 기초" - 노영상(장신대학교 교수)

    공동 집필 : 김진호(기윤실), 박찬주(IVF), 김성민(SFC), 이은창(새벽이슬)

2권 "문화윤리" - (근간)

3권 "가정과 성 윤리" - (근간)

4권 "정치윤리" - (근간)

5권 "경제윤리" - 이혁배(숭실대학교 겸임교수)

    공동 집필 : 김희경(기윤실), 박찬주(IVF)

6권 "생명윤리" - 이상원(총신대학원 교수)

    공동 집필 : 박찬주(IVF), 유성희(기윤실), 김진호(기윤실)

7권 "환경윤리" - (근간)

❋ 기독교윤리실천운동

기윤실은 함께 모여 선행을 격려하고, 교회와 함께 사회를 변화시키는 운동으로서 1987년 12월, 김인수·손봉호·장기려 외 38명의 발기인으로 창립되었습니다. 현재 21개 지부(해외 5개 지역 포함) 1만 2천여 명의 회원이 참여하는 운동으로 ■먼저 기독교인 개개인이 성경의 가르침대로 올바른 삶을 살도록 돕고 ■건강한 가정을 이루며 ■교회가 교회의 사명을 다하도록 지원하며 ■사회와 국가의 부정직과 부패를 개선하는 일을 하고 있습니다.

회원 가입 및 후원 안내 (02) 794-6200

우리은행 091-070798-13-201(예금주: 기독교윤리실천운동)

❋ 신학위원회

기윤실 신학위원회는 1997년 5월 31일, 창립총회를 열고 활동을 시작하였습니다.
본 위원회는 성경의 원리를 실생활에 적용하며 정의로운 사회 구현을 목적으로 하는 기독교윤리실천운동을 자문하고 이 운동에 협력하여 기독교 윤리적 삶이 한국 교회와 그리스도인들에게 확산되게 함을 목적으로 합니다. 그리고 기독 대학생들이 이 운동에 참여하도록 지도 육성합니다.
기윤실 신학위원회 위원은 기독교윤리학을 전공하였거나 신학교와 대학에서 기독교윤리학에 관련된 과목을 가르치는 신학자로서 기윤실 운동의 취지와 행동 지침에 공감하는 분들로 구성되어 있습니다.